中华人民共和国统计法

中国法制出版社

中华人民共和国统计法
ZHONGHUA RENMIN GONGHEGUO TONGJIFA

经销/新华书店
印刷/保定市中画美凯印刷有限公司
开本/850毫米×1168毫米　32开　　　　　　印张/1　字数/13千
版次/2024年9月第1版　　　　　　　　　　2024年12月第9次印刷

中国法制出版社出版
书号 ISBN 978-7-5216-4674-0　　　　　　　定价：5.00元

北京市西城区西便门西里甲16号西便门办公区
邮政编码：100053　　　　　　　　　传真/010-63141600
网址：http：//www.zgfzs.com　　　编辑部电话：010-63141673
市场营销部电话：010-63141612　　印务部电话：010-63141606

（如有印装质量问题，请与本社印务部联系。）

目 录

中华人民共和国主席令（第三十一号） ………… （1）

全国人民代表大会常务委员会关于修改《中华人民共和国统计法》的决定…………………… （2）

中华人民共和国统计法 ……………………………… （9）

关于《中华人民共和国统计法（修正草案）》的说明 ………………………………………… （25）

中华人民共和国主席令

第三十一号

《全国人民代表大会常务委员会关于修改〈中华人民共和国统计法〉的决定》已由中华人民共和国第十四届全国人民代表大会常务委员会第十一次会议于2024年9月13日通过，现予公布，自公布之日起施行。

中华人民共和国主席　习近平

2024年9月13日

全国人民代表大会常务委员会关于修改《中华人民共和国统计法》的决定

（2024年9月13日第十四届全国人民代表大会常务委员会第十一次会议通过）

第十四届全国人民代表大会常务委员会第十一次会议决定对《中华人民共和国统计法》作如下修改：

一、将第一条修改为："为了科学、有效地组织统计工作，保障统计资料的真实性、准确性、完整性和及时性，加强统计监督，发挥统计在了解国情国力、服务经济社会高质量发展中的重要作用，推动全面建设社会主义现代化国家，制定本法。"

二、第三条增加一款，作为第一款："统计工作坚持中国共产党的领导。"

三、将第五条修改为："国家加强统计科学研究，根据经济社会发展的新情况，健全科学合理的统计标准和统计指标体系，将新经济新领域纳入统计调查范围，并不断改进统计调查方法，提高统计的科学性。

"国家有计划地加强统计信息化建设，推动现代信息技术与统计工作深度融合，促进统计信息搜集、处理、传输、共享、存储技术和统计数据库体系的现代化。"

四、增加一条，作为第六条："国家构建系统完整、协同高效、约束有力、权威可靠的统计监督体系。

"统计机构根据统计调查制度和经批准的计划安排，对各地区、各部门贯彻落实国家重大经济社会政策措施情况、履行统计法定职责情况等进行统计监督。"

五、将第六条改为第七条，第二款修改为："地方各级人民政府、县级以上人民政府统计机构和有关部门以及各单位的负责人，不得自行修改统计机构和统计人员依法搜集、整理的统计资料，不得以任何方式要求统计机构、统计人员及其他机构、人员伪造、篡改统计资料，不得明示、暗示下级单位及其人员或者统计调查对象填报虚假统计数据，不得对依法履行职责或者拒绝、抵制统计违法行为的单位和个人打击报复。"

六、增加一条，作为第九条："地方各级人民政府、县级以上人民政府统计机构和有关部门应当根据国家有关规定，将防范和惩治统计造假、弄虚作假纳入依法行政、依法履职责任范围，建立健全相关责任制，加强对领导干部统计工作的考核管理，依法对统计造假、弄虚作假行为追究法律责任。"

七、将第九条改为第十一条,修改为:"统计机构和统计人员对在统计工作中知悉的国家秘密、工作秘密、商业秘密、个人隐私和个人信息,应当予以保密,不得泄露或者向他人非法提供。"

八、增加一条,作为第二十条:"国家实施统一的国民经济核算制度。

"国家统计局统一组织和实施地区生产总值核算工作。"

九、将第二十条改为第二十三条,分为两款,修改为:"县级以上人民政府统计机构和有关部门以及乡、镇人民政府,应当按照国家有关规定建立统计资料的保存、管理制度。

"县级以上人民政府统计机构和有关部门建立健全统计信息共享机制,明确统计信息的共享范围、标准和程序。"

十、将第二十一条改为第二十四条,第一款修改为:"国家机关、企业事业单位和其他组织等统计调查对象,应当按照国家有关规定设置原始记录、统计台账,推动统计台账电子化、数字化、标准化,建立健全统计资料的审核、签署、报送、归档等管理制度。"

十一、将第三十七条改为第四十条,分为两款,修改为:"地方各级人民政府、县级以上人民政府统计机构或者有关部门、单位的负责人有下列行为之一的,由任免机关、单位或者监察机关依法给予处分，并由县级以上人民政府统计机构予以通报：

"（一）自行修改统计资料、编造虚假统计数据的；

"（二）要求统计机构、统计人员或者其他机构、人员伪造、篡改统计资料的；

"（三）明示、暗示下级单位及其人员或者统计调查对象填报虚假统计数据的；

"（四）对本地方、本部门、本单位发生的统计数据严重失实情况和严重统计违法行为失察的；

"（五）有其他统计造假、弄虚作假行为的。

"对依法履行职责或者拒绝、抵制统计违法行为的单位和个人打击报复的，依照前款规定给予处分和予以通报。"

十二、将第三十九条改为第四十二条，其中的"直接负责的主管人员和其他直接责任人员"修改为"负有责任的领导人员和直接责任人员"。

第一款第二项分为两项，修改为："（二）泄露或者向他人非法提供统计调查对象的商业秘密、个人隐私、个人信息的""（三）对外提供、泄露在统计调查中获得的能够识别或者推断单个统计调查对象身份的资料的"。

十三、将第四十一条改为第四十四条，其中的"其直接负责的主管人员和其他直接责任人员属于国家工作人员的，由任免机关或者监察机关依法给予处分"修改为"其负有责任的领导人员和直接责任人员属于公职人员的,由任免机关、单位或者监察机关依法给予处分"。

第二款修改为:"企业事业单位或者其他组织有前款所列行为之一的,可以并处十万元以下的罚款;情节严重的,并处十万元以上五十万元以下的罚款。"

十四、将第四十二条改为第四十五条,第一款修改为:"作为统计调查对象的国家机关、企业事业单位或者其他组织迟报统计资料,或者未按照国家有关规定设置原始记录、统计台账的,由县级以上人民政府统计机构责令改正,给予警告,可以予以通报;其负有责任的领导人员和直接责任人员属于公职人员的,由任免机关、单位或者监察机关依法给予处分。"

第二款修改为:"企业事业单位或者其他组织有前款所列行为之一的,可以并处五万元以下的罚款。"

十五、将第四十三条改为第四十六条,修改为:"县级以上人民政府统计机构查处统计违法行为时,认为对有关公职人员依法应当给予处分的,应当向该公职人员的任免机关、单位提出给予处分的建议,该公职人员的任免机关、单位应当依法及时作出决定,并将结果书面通知县级以上人民政府统计机构;向监察机关移送的,由监察机关按照有关规定办理。"

十六、将第四十六条改为第四十九条,修改为:"当事人对县级以上人民政府统计机构作出的行政处罚决定不服的，可以依法申请行政复议或者提起行政诉讼。对国家统计局派出的调查机构作出的行政处罚决定不服的，向国家统计局申请行政复议。"

十七、将第四十七条改为第五十条，修改为："违反本法规定，造成人身损害、财产损失的，依法承担民事责任；构成犯罪的，依法追究刑事责任。"

十八、对部分条文作以下修改：

（一）将第十条改为第十二条，其中的"职务晋升"修改为"职务职级等晋升"。

（二）将第十四条改为第十六条，其中的"并依照本法第十二条的规定"修改为"并依照本法第十四条的规定"。

（三）将第十六条改为第十八条，其中的"行政记录"修改为"行政记录、社会大数据"。

（四）将第三十二条改为第三十五条，删去其中的"及其监察机关"。

（五）将第三十八条改为第四十一条，删去其中的"在组织实施统计调查活动中"；"直接负责的主管人员和其他直接责任人员"修改为"负有责任的领导人员和直接责任人员"；"未经批准"修改为"未经批准或者备案"。

（六）将第四十条改为第四十三条，其中的"泄露国家秘密的"修改为"泄露国家秘密、工作秘密的"。

（七）将第四十五条改为第四十八条，其中的"职务晋升"修改为"职务职级等晋升"；"撤销晋升的职务"修改为"撤销晋升的职务职级等"。

本决定自公布之日起施行。

《中华人民共和国统计法》根据本决定作相应修改并对条文顺序作相应调整，重新公布。

中华人民共和国统计法

（1983年12月8日第六届全国人民代表大会常务委员会第三次会议通过 根据1996年5月15日第八届全国人民代表大会常务委员会第十九次会议《关于修改〈中华人民共和国统计法〉的决定》第一次修正 2009年6月27日第十一届全国人民代表大会常务委员会第九次会议修订 根据2024年9月13日第十四届全国人民代表大会常务委员会第十一次会议《关于修改〈中华人民共和国统计法〉的决定》第二次修正）

目　　录

第一章　总　　则

第二章　统计调查管理

第三章　统计资料的管理和公布

第四章　统计机构和统计人员

第五章　监督检查

第六章　法律责任

第七章　附　　则

第一章 总　则

第一条　为了科学、有效地组织统计工作，保障统计资料的真实性、准确性、完整性和及时性，加强统计监督，发挥统计在了解国情国力、服务经济社会高质量发展中的重要作用，推动全面建设社会主义现代化国家，制定本法。

第二条　本法适用于各级人民政府、县级以上人民政府统计机构和有关部门组织实施的统计活动。

统计的基本任务是对经济社会发展情况进行统计调查、统计分析，提供统计资料和统计咨询意见，实行统计监督。

第三条　统计工作坚持中国共产党的领导。

国家建立集中统一的统计系统，实行统一领导、分级负责的统计管理体制。

第四条　国务院和地方各级人民政府、各有关部门应当加强对统计工作的组织领导，为统计工作提供必要的保障。

第五条　国家加强统计科学研究，根据经济社会发展的新情况，健全科学合理的统计标准和统计指标体系，将新经济新领域纳入统计调查范围，并不断改进统计调查方法，提高统计的科学性。

国家有计划地加强统计信息化建设，推动现代信息技术与统计工作深度融合，促进统计信息搜集、处理、传输、共享、存储技术和统计数据库体系的现代化。

第六条 国家构建系统完整、协同高效、约束有力、权威可靠的统计监督体系。

统计机构根据统计调查制度和经批准的计划安排，对各地区、各部门贯彻落实国家重大经济社会政策措施情况、履行统计法定职责情况等进行统计监督。

第七条 统计机构和统计人员依照本法规定独立行使统计调查、统计报告、统计监督的职权，不受侵犯。

地方各级人民政府、县级以上人民政府统计机构和有关部门以及各单位的负责人，不得自行修改统计机构和统计人员依法搜集、整理的统计资料，不得以任何方式要求统计机构、统计人员及其他机构、人员伪造、篡改统计资料，不得明示、暗示下级单位及其人员或者统计调查对象填报虚假统计数据，不得对依法履行职责或者拒绝、抵制统计违法行为的单位和个人打击报复。

第八条 国家机关、企业事业单位和其他组织以及个体工商户和个人等统计调查对象，必须依照本法和国家有关规定，真实、准确、完整、及时地提供统计调查所需的资料，不得提供不真实或者不完整的统计资料，不得迟报、拒报统计资料。

第九条 地方各级人民政府、县级以上人民政府统计机构和有关部门应当根据国家有关规定,将防范和惩治统计造假、弄虚作假纳入依法行政、依法履职责任范围,建立健全相关责任制,加强对领导干部统计工作的考核管理,依法对统计造假、弄虚作假行为追究法律责任。

第十条 统计工作应当接受社会公众的监督。任何单位和个人有权检举统计中弄虚作假等违法行为。对检举有功的单位和个人应当给予表彰和奖励。

第十一条 统计机构和统计人员对在统计工作中知悉的国家秘密、工作秘密、商业秘密、个人隐私和个人信息,应当予以保密,不得泄露或者向他人非法提供。

第十二条 任何单位和个人不得利用虚假统计资料骗取荣誉称号、物质利益或者职务职级等晋升。

第二章 统计调查管理

第十三条 统计调查项目包括国家统计调查项目、部门统计调查项目和地方统计调查项目。

国家统计调查项目是指全国性基本情况的统计调查项目。部门统计调查项目是指国务院有关部门的专业性统计调查项目。地方统计调查项目是指县级以上地方人民政府及其部门的地方性统计调查项目。

国家统计调查项目、部门统计调查项目、地方统计调查项目应当明确分工,互相衔接,不得重复。

第十四条 国家统计调查项目由国家统计局制定，或者由国家统计局和国务院有关部门共同制定，报国务院备案；重大的国家统计调查项目报国务院审批。

部门统计调查项目由国务院有关部门制定。统计调查对象属于本部门管辖系统的，报国家统计局备案；统计调查对象超出本部门管辖系统的，报国家统计局审批。

地方统计调查项目由县级以上地方人民政府统计机构和有关部门分别制定或者共同制定。其中，由省级人民政府统计机构单独制定或者和有关部门共同制定的，报国家统计局审批；由省级以下人民政府统计机构单独制定或者和有关部门共同制定的，报省级人民政府统计机构审批；由县级以上地方人民政府有关部门制定的，报本级人民政府统计机构审批。

第十五条 统计调查项目的审批机关应当对调查项目的必要性、可行性、科学性进行审查，对符合法定条件的，作出予以批准的书面决定，并公布；对不符合法定条件的，作出不予批准的书面决定，并说明理由。

第十六条 制定统计调查项目，应当同时制定该项目的统计调查制度，并依照本法第十四条的规定一并报经审批或者备案。

统计调查制度应当对调查目的、调查内容、调查方法、调查对象、调查组织方式、调查表式、统计资料的报送和公布等作出规定。

统计调查应当按照统计调查制度组织实施。变更统计调查制度的内容，应当报经原审批机关批准或者原备案机关备案。

第十七条 统计调查表应当标明表号、制定机关、批准或者备案文号、有效期限等标志。

对未标明前款规定的标志或者超过有效期限的统计调查表，统计调查对象有权拒绝填报；县级以上人民政府统计机构应当依法责令停止有关统计调查活动。

第十八条 搜集、整理统计资料，应当以周期性普查为基础，以经常性抽样调查为主体，综合运用全面调查、重点调查等方法，并充分利用行政记录、社会大数据等资料。

重大国情国力普查由国务院统一领导，国务院和地方人民政府组织统计机构和有关部门共同实施。

第十九条 国家制定统一的统计标准，保障统计调查采用的指标涵义、计算方法、分类目录、调查表式和统计编码等的标准化。

国家统计标准由国家统计局制定，或者由国家统计局和国务院标准化主管部门共同制定。

国务院有关部门可以制定补充性的部门统计标准，报国家统计局审批。部门统计标准不得与国家统计标准相抵触。

第二十条 国家实施统一的国民经济核算制度。

国家统计局统一组织和实施地区生产总值核算工作。

第二十一条　县级以上人民政府统计机构根据统计任务的需要，可以在统计调查对象中推广使用计算机网络报送统计资料。

第二十二条　县级以上人民政府应当将统计工作所需经费列入财政预算。

重大国情国力普查所需经费，由国务院和地方人民政府共同负担，列入相应年度的财政预算，按时拨付，确保到位。

第三章　统计资料的管理和公布

第二十三条　县级以上人民政府统计机构和有关部门以及乡、镇人民政府，应当按照国家有关规定建立统计资料的保存、管理制度。

县级以上人民政府统计机构和有关部门建立健全统计信息共享机制，明确统计信息的共享范围、标准和程序。

第二十四条　国家机关、企业事业单位和其他组织等统计调查对象，应当按照国家有关规定设置原始记录、统计台账，推动统计台账电子化、数字化、标准化，建立健全统计资料的审核、签署、报送、归档等管理制度。

统计资料的审核、签署人员应当对其审核、签署的统计资料的真实性、准确性和完整性负责。

第二十五条　县级以上人民政府有关部门应当及时向本级人民政府统计机构提供统计所需的行政记录资料和国民经济核算所需的财务资料、财政资料及其他资料，并按照统计调查制度的规定及时向本级人民政府统计机构报送其组织实施统计调查取得的有关资料。

县级以上人民政府统计机构应当及时向本级人民政府有关部门提供有关统计资料。

第二十六条　县级以上人民政府统计机构按照国家有关规定，定期公布统计资料。

国家统计数据以国家统计局公布的数据为准。

第二十七条　县级以上人民政府有关部门统计调查取得的统计资料，由本部门按照国家有关规定公布。

第二十八条　统计调查中获得的能够识别或者推断单个统计调查对象身份的资料，任何单位和个人不得对外提供、泄露，不得用于统计以外的目的。

第二十九条　县级以上人民政府统计机构和有关部门统计调查取得的统计资料，除依法应当保密的外，应当及时公开，供社会公众查询。

第四章　统计机构和统计人员

第三十条　国务院设立国家统计局，依法组织领导和协调全国的统计工作。

国家统计局根据工作需要设立的派出调查机构，承担国家统计局布置的统计调查等任务。

县级以上地方人民政府设立独立的统计机构，乡、镇人民政府设置统计工作岗位，配备专职或者兼职统计人员，依法管理、开展统计工作，实施统计调查。

第三十一条　县级以上人民政府有关部门根据统计任务的需要设立统计机构，或者在有关机构中设置统计人员，并指定统计负责人，依法组织、管理本部门职责范围内的统计工作，实施统计调查，在统计业务上受本级人民政府统计机构的指导。

第三十二条　统计机构、统计人员应当依法履行职责，如实搜集、报送统计资料，不得伪造、篡改统计资料，不得以任何方式要求任何单位和个人提供不真实的统计资料，不得有其他违反本法规定的行为。

统计人员应当坚持实事求是，恪守职业道德，对其负责搜集、审核、录入的统计资料与统计调查对象报送的统计资料的一致性负责。

第三十三条　统计人员进行统计调查时，有权就与统计有关的问题询问有关人员，要求其如实提供有关情况、资料并改正不真实、不准确的资料。

统计人员进行统计调查时，应当出示县级以上人民政府统计机构或者有关部门颁发的工作证件；未出示的，统计调查对象有权拒绝调查。

第三十四条 国家实行统计专业技术职务资格考试、评聘制度，提高统计人员的专业素质，保障统计队伍的稳定性。

统计人员应当具备与其从事的统计工作相适应的专业知识和业务能力。

县级以上人民政府统计机构和有关部门应当加强对统计人员的专业培训和职业道德教育。

第五章　监督检查

第三十五条 县级以上人民政府对下级人民政府、本级人民政府统计机构和有关部门执行本法的情况，实施监督。

第三十六条 国家统计局组织管理全国统计工作的监督检查，查处重大统计违法行为。

县级以上地方人民政府统计机构依法查处本行政区域内发生的统计违法行为。但是，国家统计局派出的调查机构组织实施的统计调查活动中发生的统计违法行为，由组织实施该项统计调查的调查机构负责查处。

法律、行政法规对有关部门查处统计违法行为另有规定的，从其规定。

第三十七条 县级以上人民政府有关部门应当积极协助本级人民政府统计机构查处统计违法行为，及时向本级人民政府统计机构移送有关统计违法案件材料。

第三十八条　县级以上人民政府统计机构在调查统计违法行为或者核查统计数据时，有权采取下列措施：

（一）发出统计检查查询书，向检查对象查询有关事项；

（二）要求检查对象提供有关原始记录和凭证、统计台账、统计调查表、会计资料及其他相关证明和资料；

（三）就与检查有关的事项询问有关人员；

（四）进入检查对象的业务场所和统计数据处理信息系统进行检查、核对；

（五）经本机构负责人批准，登记保存检查对象的有关原始记录和凭证、统计台账、统计调查表、会计资料及其他相关证明和资料；

（六）对与检查事项有关的情况和资料进行记录、录音、录像、照相和复制。

县级以上人民政府统计机构进行监督检查时，监督检查人员不得少于二人，并应当出示执法证件；未出示的，有关单位和个人有权拒绝检查。

第三十九条　县级以上人民政府统计机构履行监督检查职责时，有关单位和个人应当如实反映情况，提供相关证明和资料，不得拒绝、阻碍检查，不得转移、隐匿、篡改、毁弃原始记录和凭证、统计台账、统计调查表、会计资料及其他相关证明和资料。

第六章 法律责任

第四十条 地方各级人民政府、县级以上人民政府统计机构或者有关部门、单位的负责人有下列行为之一的，由任免机关、单位或者监察机关依法给予处分，并由县级以上人民政府统计机构予以通报：

（一）自行修改统计资料、编造虚假统计数据的；

（二）要求统计机构、统计人员或者其他机构、人员伪造、篡改统计资料的；

（三）明示、暗示下级单位及其人员或者统计调查对象填报虚假统计数据的；

（四）对本地方、本部门、本单位发生的统计数据严重失实情况和严重统计违法行为失察的；

（五）有其他统计造假、弄虚作假行为的。

对依法履行职责或者拒绝、抵制统计违法行为的单位和个人打击报复的，依照前款规定给予处分和予以通报。

第四十一条 县级以上人民政府统计机构或者有关部门有下列行为之一的，由本级人民政府、上级人民政府统计机构或者本级人民政府统计机构责令改正，予以通报；对负有责任的领导人员和直接责任人员，由任免机关或者监察机关依法给予处分：

（一）未经批准或者备案擅自组织实施统计调查的；

（二）未经批准或者备案擅自变更统计调查制度的内容的；

（三）伪造、篡改统计资料的；

（四）要求统计调查对象或者其他机构、人员提供不真实的统计资料的；

（五）未按照统计调查制度的规定报送有关资料的。

统计人员有前款第三项至第五项所列行为之一的，责令改正，依法给予处分。

第四十二条 县级以上人民政府统计机构或者有关部门有下列行为之一的，对负有责任的领导人员和直接责任人员由任免机关或者监察机关依法给予处分：

（一）违法公布统计资料的；

（二）泄露或者向他人非法提供统计调查对象的商业秘密、个人隐私、个人信息的；

（三）对外提供、泄露在统计调查中获得的能够识别或者推断单个统计调查对象身份的资料的；

（四）违反国家有关规定，造成统计资料毁损、灭失的。

统计人员有前款所列行为之一的，依法给予处分。

第四十三条 统计机构、统计人员泄露国家秘密、工作秘密的，依法追究法律责任。

第四十四条 作为统计调查对象的国家机关、企业事业单位或者其他组织有下列行为之一的，由县级以上人民政府统计机构责令改正，给予警告，可以予以通报；其负有责任的领导人员和直接责任人员属于公职人员的，由任免机关、单位或者监察机关依法给予处分：

（一）拒绝提供统计资料或者经催报后仍未按时提供统计资料的；

（二）提供不真实或者不完整的统计资料的；

（三）拒绝答复或者不如实答复统计检查查询书的；

（四）拒绝、阻碍统计调查、统计检查的；

（五）转移、隐匿、篡改、毁弃或者拒绝提供原始记录和凭证、统计台账、统计调查表及其他相关证明和资料的。

企业事业单位或者其他组织有前款所列行为之一的，可以并处十万元以下的罚款；情节严重的，并处十万元以上五十万元以下的罚款。

个体工商户有本条第一款所列行为之一的，由县级以上人民政府统计机构责令改正，给予警告，可以并处一万元以下的罚款。

第四十五条　作为统计调查对象的国家机关、企业事业单位或者其他组织迟报统计资料，或者未按照国家有关规定设置原始记录、统计台账的，由县级以上人民政府统计机构责令改正，给予警告，可以予以通报；其负有责任的领导人员和直接责任人员属于公职人员的，由任免机关、单位或者监察机关依法给予处分。

企业事业单位或者其他组织有前款所列行为之一的，可以并处五万元以下的罚款。

个体工商户迟报统计资料的，由县级以上人民政府统计机构责令改正，给予警告，可以并处一千元以下的罚款。

第四十六条 县级以上人民政府统计机构查处统计违法行为时，认为对有关公职人员依法应当给予处分的，应当向该公职人员的任免机关、单位提出给予处分的建议，该公职人员的任免机关、单位应当依法及时作出决定，并将结果书面通知县级以上人民政府统计机构；向监察机关移送的，由监察机关按照有关规定办理。

第四十七条 作为统计调查对象的个人在重大国情国力普查活动中拒绝、阻碍统计调查，或者提供不真实或者不完整的普查资料的，由县级以上人民政府统计机构责令改正，予以批评教育。

第四十八条 违反本法规定，利用虚假统计资料骗取荣誉称号、物质利益或者职务职级等晋升的，除对其编造虚假统计资料或者要求他人编造虚假统计资料的行为依法追究法律责任外，由作出有关决定的单位或者其上级单位、监察机关取消其荣誉称号，追缴获得的物质利益，撤销晋升的职务职级等。

第四十九条 当事人对县级以上人民政府统计机构

作出的行政处罚决定不服的，可以依法申请行政复议或者提起行政诉讼。对国家统计局派出的调查机构作出的行政处罚决定不服的，向国家统计局申请行政复议。

第五十条 违反本法规定，造成人身损害、财产损失的，依法承担民事责任；构成犯罪的，依法追究刑事责任。

第七章 附 则

第五十一条 本法所称县级以上人民政府统计机构，是指国家统计局及其派出的调查机构、县级以上地方人民政府统计机构。

第五十二条 民间统计调查活动的管理办法，由国务院制定。

中华人民共和国境外的组织、个人需要在中华人民共和国境内进行统计调查活动的，应当按照国务院的规定报请审批。

利用统计调查危害国家安全、损害社会公共利益或者进行欺诈活动的，依法追究法律责任。

第五十三条 本法自2010年1月1日起施行。

关于《中华人民共和国统计法（修正草案）》的说明

——2024年4月23日在第十四届全国人民代表大会常务委员会第九次会议上

国家统计局局长　康　义

委员长、各位副委员长、秘书长、各位委员：

我受国务院委托，现对《中华人民共和国统计法（修正草案）》（以下简称修正草案）作说明。

一、修改背景和过程

党中央、国务院高度重视统计工作。习近平总书记指出，要更加有效发挥统计监督职能作用，研究制定防治统计造假的刚性制度，进一步完善统计法律法规，有力保障统计工作制度化、规范化。李强总理强调，要进一步建立健全工作机制，加快完善统计制度，确保统计数据真实可信。

现行统计法于1983年制定，1996年、2009年作过两次修改。现行统计法实施以来，在规范、指引、保障统计工作有序开展和有效组织统计活动、服务经济社会发展方面发挥了重要作用。近年来，统计工作也面临一些亟待解决的突出问题：一是统计造假屡禁难绝。一些地方和部门数据造假现象突出，少数领导干部不择手段搞虚假政绩。二是统计监督体系有待进一步完善。主要表现在统计监督的体制机制和政策体系不够完善，统计监督有效性有待提高。三是统计违法成本低。现行统计法对违法行为的处罚标准偏低，一些地方和部门对统计违法行为责任追究不到位，处罚处理偏轻，惩治力度不够。此前，全国人大常委会开展统计法执法检查时，有关方面建议对统计法作出适当修改。针对统计工作面临的新情况新问题，将党中央决策部署和实践中成熟有效的做法上升为法律规定，有利于发挥法治在防范和惩治统计造假中的规范保障作用。修改统计法已分别列入全国人大常委会和国务院2024年度立法工作计划。

国家统计局在深入调查研究、广泛听取意见并向社会公开征求意见的基础上，向国务院报送了《中华人民共和国统计法（修正草案）（送审稿）》。司法部先后两次征求中央有关部门和省级人民政府以及企业、高校等方面意见，会同国家统计局反复研究修改，形成了修正草案。修正草案已经国务院常务会议讨论通过。

二、总体思路和主要内容

此次统计法修改坚持以习近平新时代中国特色社会

主义思想特别是习近平法治思想为指导，深入贯彻党的二十大精神，保持现行统计法制度框架基本不变，加强统计监督，加大法律责任追究力度，着力解决统计造假等突出问题。

修正草案共14条，主要规定了以下内容：

（一）坚持党对统计工作的领导。落实和体现党的领导要求，规定"统计工作坚持中国共产党的领导"。

（二）进一步加强统计监督。一是在立法目的中规定"加强统计监督"。二是规定国家构建系统完整、协同高效、约束有力的统计监督体系，统计监督应当与其他各类监督贯通协调，形成监督合力。统计机构根据统计调查制度和经批准的计划安排，对各地区、各部门贯彻落实国家重大经济社会政策措施情况进行统计监督。

（三）进一步防范和惩治统计造假。一是规定地方各级人民政府、县级以上人民政府统计机构和有关部门以及各单位的负责人，不得要求、暗示、引导下级单位或者统计调查对象填报虚假统计数据。二是规定对要求、暗示、引导下级单位或者统计调查对象填报虚假统计数据的相关责任人员，依法给予处分，并予以通报。三是规定地方各级人民政府、县级以上人民政府统计机构和有关部门应当根据国家有关规定，建立健全防范和惩治统计造假、弄虚作假责任制，明确本单位责任主体，依法依规对统计造假、弄虚作假行为追责问责。

四是规定国家实施统一的国民经济核算制度，国家统计局统一领导、组织和实施地区生产总值核算工作。

（四）加大法律责任追究力度。规定对企业事业单位或者其他组织拒绝提供、迟报统计资料等违法行为，进一步提高罚款额度。企业因违反本法规定受到行政处罚的，按照国家有关规定记入信用记录并向社会公示。

此外，为做好与监察体制改革的衔接，修正草案删去了关于统计机构向监察机关提出处分建议、监察机关应将结果书面通知统计机构的规定。同时，为与公务员法、公职人员政务处分法相衔接，修正草案对有关表述作了修改。

修正草案和以上说明是否妥当，请审议。